Género Ficción realista

I0901326

Pregunta esencial

¿Qué trabajos se necesitan en una comunidad?

Postales para todos

María Furquet
ilustrado por Olga Cuéllar

LECTURA COMPLEMENTARIA

Sami es el cartero.
Su bolsa es tan pesada
como una roca.

Hay una postal para Dalila.

—¡Hola, Dalila! —dice Sami.

—¡Hola, Sami! Toma una dona —dice Dalila.

¡Y una postal para Tedi!

—¡Tedi! Aquí hay una postal para ti —dice Sami.

—¿Una pera? —dice Tedi.

Hay una postal para Dina.

—¡Tengo una postal que es para Dina! —dice Sami.

—¡Es de mi tío! —dice Dina—. Toma un vaso de limonada, Sami.

¡Y para Melisa también!

Sami dice:
—¡Una postal, Melisa!

—¡Es de Leo, mi nuevo amigo! —dice Melisa—. Toma sandía, Sami.

Hay una postal para Dante.

—Para ti, Dante —dice Sami.

—¡Qué bueno! —dice Dante—. Toma una banana, Sami.

¡Y para Doli también!

—Postal para ti, Doli —dice Sami—. ¡Toma!

—¿De quién será? —dice Doli—. ¿Palomitas, Sami?

Hay una postal para Fido.

—¡Toma, Fido! —dice Sami.

—¡Fabuloso! —dice Fido—.
Toma un té, Sami.

¡Y para Teo también!

—¡Postal para Teo! —dice Sami y saluda.

—¡De mi abuelo! —dice Teo—. Toma unas pasas.

¡A Sami le gusta ser cartero!

Respuesta a la

lectura

Volver a contar

Vuelve a contar los sucesos de *Postales para todos* con tus palabras.

Personaje	Ambiente	Sucesos

Evidencia en el texto

1. ¿Quién es Sami y dónde trabaja? Personaje, ambiente, sucesos

2. ¿Qué recibe Sami cuando le entrega una postal a Tedi? Personaje, ambiente, sucesos

3. ¿Cómo sabes que *Postales para todos* es un cuento de ficción realista? Género

EN EL CORREO

Género **No ficción**

Compara los textos
¿Qué trabajos hacen los empleados del correo?

Bear Dancer Studios/Mark Dierker

¿Quiénes trabajan aquí? ¿Cómo te ayudan a enviar y recibir cartas?

David R. Frazier Photolibrary, Inc./ Alamy Stock Photo

Justin Sullivan/Getty Images News/Getty Images

Haz conexiones

¿En qué se parecen estos trabajadores del correo a Sami, de *Postales para todos*? **El texto y otros textos**

Enfoque:
Género

Ficción realista Los cuentos de ficción realista narran sucesos que podrían ocurrir en la vida real. Las personas y los lugares del cuento parecen personas y lugares reales.

Lee y descubre Los personajes de *Postales para todos* parecen reales. El lugar y los sucesos del cuento podrían ser reales.

Tu turno

Planea un cuento de ficción realista sobre un trabajo en tu comunidad. Usa personajes, ambientes y sucesos que podrían ser reales.